Aníbal Urieta

La Fe

Creativa

El poderoso recurso para producir milagros

"Descubre el poder de tú fe"

DELM

La fe creativa

El poderoso recurso para producir milagros.
© 2012 D.E.L.M.

Contacto con el autor:

Aníbal Urieta

Santiago, de Veraguas
Panamá
Tel. (507) 6561-3395
anibalurieta@hotmail.com

Dedicado a todos aquellos
que sin saberlo, me ofrecieron
la oportunidad de influir en sus vidas y sobre
todo a mi esposa quien conoce el gran
significado dela palabra cree

Agradezco, profundamente a Dios, por
revelar siempre su palabra en mí,
a Ibelinda de Alvarado y al Profesor Benigno
Herrera V., especialista en Lingüística, por
leer y corregir el manuscrito, mil gracias.

Contenido

Primer Libro de los Reyes
Capitulo 18: 41-46

41 Entonces Elías dijo a Acab: Sube, come y bebe; porque una lluvia grande se oye.

42   Acab subió a comer y a beber. Y Elías subió a la cumbre del Carmelo, y postrándose en tierra, puso su rostro entre las rodillas.

43   Y dijo a su criado: Sube ahora, y mira hacia el mar. Y él subió, y miró, y dijo: No hay nada. Y él le volvió a decir: Vuelve siete veces.

44   A la séptima vez dijo: Yo veo una pequeña nube como la palma de la mano de un hombre, que sube del mar. Y él dijo: Ve, y di a Acab: Unce tu carro y desciende, para que la lluvia no te ataje.

45   Y aconteció, estando en esto, que los cielos se oscurecieron con nubes y viento, y hubo una gran lluvia. Y subiendo Acab, vino a Jezreel.

46   Y la mano de Jehová estuvo sobre Elías, el cual ciñó sus lomos, y corrió delante de Acab hasta llegar a Jezreel"

PREFACIO

Hubo una época en mi vida, donde en cada lugar que me invitaban a predicar o dictar una conferencia, no hacia otra cosa que hablar de lo mismo. ¿Señor que pasa?, le decía, ¿porque me motivas a compartir sobre "la fe", si yo tengo tantas cosas que dar?, ¿Por qué sólo de la fe? Hasta que un buen fin de semana lo entendí. Me senté frente al computador y en tiempo récor nació esta joya, que goza de un contenido práctico, ameno y divertido.

En este libro, aprenderás a desarrollar la "fe creativa", esa fe que todos llevamos dentro y que por alguna razón no la utilizamos, pero hoy, vas a descubrir sus beneficios y las técnicas necesarias para lograr producir milagros poderosos y extraordinarios.

La fe creativa es una fe distinta a las demás. Es una fe de avanzada, de optimismo, de confianza, de espera y sobre todo de tenacidad. No es que existan varios tipos de fe, sino varias maneras de concebirla y diversas formas de creer. La fe creativa, es esa fe que te hace mover, actuar, pedir y recibir. Ella es depositaria de una confianza absoluta, que hace que se *"mueva la mano de Dios"*. Se puede decir que la fe creativa hace justamente lo que tiene que hacer: *"crear"*, como bien lo dijo Jesús: *"Para el que cree, todo le es posible"*.

Para que la fe creativa se accione, debemos conocer ciertos principios de los cuales voy compartir. Principios necesarios, comprobados y útiles, que te llevarán a una unión perfecta, y única con Dios; quien es *"el autor y consumador de la fe"*.

Basándonos en un hecho histórico de la vida del malvado rey Acab, el más impío de los reyes de Israel, el séptimo en su dinastía, quien se casó con Jezabel, hija del rey de los sidonios, mujer altiva, cruel y digna de tal esposo, a sus instancias levantó un altar a Baal, ídolo de Sidón, llevando a su pueblo casi a la apostasía total.

Acab gobernaba las diez tribus del norte y por su pecado, no llovió en esa zona por espacio de más de tres años. La tierra estaba seca, árida, polvorienta; no había pastos para los animales, los riachuelos se habían secado y el hambre azotaba al pueblo; de pronto y de forma repentina, aparece la figura del profeta Elías, y le dice al rey: *"Una lluvia grande se oye."* Tales palabras dejaron perplejo a Acab, mas sin embargo, el rey, dejó que el profeta hiciera su trabajo; ya que sabía por experiencia propia, que lo que este hombre de Dios hablaba, se cumplía.

Dios, creador y sustentador de todas las cosas, por amor a nosotros y a su palabra, quiere bendecirnos, no quiere que andemos en sequedales, ni limitaciones, él quiere hacer cosas grandes a favor nuestro, tal como lo hizo con su pueblo Israel, en los días del rey Acab. Él desea desatar cada milagro que nos haga falta, cada sanidad que nuestro cuerpo necesite, Él es el dueño del oro y de la plata.

"Él es quien perdona todas tus iniquidades, El que sana todas tus dolencias; El que rescata del hoyo tu vida, El que te corona de favores y misericordias; El que sacia de bien tu boca, de modo que te rejuvenezcas como el águila. Jehová es el que hace justicia y derecho a todos los que padecen violencia." Salmos 103:3-6

¿Qué milagros necesitas? La fe creativa te permite desarrollar esa fe necesaria para obtener resultados poderosos a través de la oración; sólo basta creer.

"Nada es imposible para el que cree".

CAPÍTULO 1

...Y encontré el milagro

"Es, pues, la fe la certeza de lo que se espera, la convicción de lo que no se ve" (Hebreos 11:1)

Estaba tan asombrado al escuchar a aquella señora testificar en la iglesia, que mis oídos no daban crédito a lo que oían.

"Hoy he sido testigo de un poderoso milagro de fe", nos decía, y narro su historia.

Su esposo, padre de una familia numerosa, lo habían liquidado en la empresa donde trabajaba desde hacía muchos años. Al recibir su pago final por los servicios prestados a dicha institución, lo invirtió todo en alimento y provisiones para su hogar, hizo compras calculadas para que le duraran tres meses aproximadamente, mientras conseguía un nuevo empleo. Compró de todo: arroz, leche enlatada, frijoles, huevos, carnes para congelar, avena, café, y algunas otras cosas más. Lo invirtió todo, pensando en su familia.

Al llegar a casa, con las bolsas del mercado en

las manos, de pronto recuerda, que algo importante se le había olvidado: el tanque de gas para la estufa.

- ¡Oh no! dijo – se me olvidó el gas, ¿Cómo no me pude acordar? ¿Qué hago ahora? Ya no me queda dinero.

Su esposa, que hoy es una reconocida pastora, le dijo:

- No te preocupes, Dios siempre nos ha ayudado, y hoy no será la excepción

- traigan el tanque de gas aquí, a la sala. El más pequeño de la familia obedientemente fue y desconectó el tanque de la estufa y lo trajo al centro de la sala.

La señora dijo a sus hijos:

- *"Hoy Dios va a hacer un milagro de fe y ustedes serán testigos de ello"*.

Colocó sus manos en el tanque de gas vacío y oró de forma sencilla, pero con mucha fe, así:

- *"Dios, Tú siempre nos has protegido y cuidado, haz estado con nosotros en momentos de abundancia y de escases, por ello te pedimos en el nombre de Jesús, tu hijo amado, que llenes este tanque de gas, ahora mismo, Señor. Esto será para gloria y honra de tú nombre, amén."*

Cuando la señora terminó de orar, el más pequeño intentó mover el tanque otra vez y no pudo, porque estaba completamente lleno; y ese tanque de gas, llenado milagrosamente, les duró tres meses, justo el tiempo necesario que el esposo necesitó para conseguir un nuevo empleo. Cuando el gas a lo sumo les duraba treinta días, esta vez les duro tres meses.

Tiempo después de haber escuchado este espectacular testimonio, llevé a unos jóvenes de mi iglesia, a un evento cristiano que nos quedaba a tres horas de distancia de nuestra ciudad. Como sabía que viajaríamos a un pueblo grande, donde había varias gasolineras, no llené el tanque de combustible del microbús donde viajábamos, porque pensaba hacerlo de regreso.

Como el lugar donde nos encontrábamos era importante y transitado, no creía que podía haber ningún problema, en cuanto a combustible. Cuán grande fue mi sorpresa al intentar poner gasolina a las 11:30 de la noche; en aquella ciudad, no había gasolinera abierta a esa hora. No me quedó otra alternativa que tomar la decisión de viajar a otra estación de gasolina, que quedaba aproximadamente a 45 minutos de distancia, y que no nos desviaba mucho de donde nos encontrábamos, ni de la ruta principal, pero cuando llegue allá, obtuve el mismo resultado, no despachaban combustible a esa hora de la madrugada; ya eran la 1:15 a.m. del día siguiente.

El microbús, desde hacía más de media hora, marcaba "agotado", sin combustible. No podía quedarme con estos jóvenes en ese lugar; además muchos de ellos eran menores de edad y viajaban bajo mi responsabilidad.

Sabía que dentro de media hora más de viaje, había una estación de combustible en toda la carretera interamericana, donde sin duda alguna y efectivamente debía estar abierta, pero estaba a media hora de distancia de donde me encontraba. Era prácticamente imposible llegar allá, pero por alguna razón que no me explico, decidí partir a la voluntad de Dios.

No había recorrido mucho, cuando pasó lo que temía y lógicamente esperaba: me quedé sin combustible en medio de la noche y con un grupo de jóvenes a cuestas. El motor se apagó en una bajada, pero seguíamos rodando por inercia, y recordé el testimonio de la señora en la iglesia y oré:

"señor, envía un ángel y ponle gasolina a mi tanque, te lo pido en el nombre de Jesús, amen".

Automáticamente después de esta breve oración, y casi que no lo podía creer, el auto volvió a encender y nos llevó en un viaje celestial de más de 30 minutos de recorrido por toda la carretera principal, hasta llegar a la estación de combustible de la interamericana, donde el motor de la microbús se apagó definitivamente y por más que traté de encender nuevamente, no me daba ignición, hasta que llené el tanque de gasolina y volvió a funcionar normalmente. Ese día descubrí lo que es "la fe creativa", el poderoso recurso para producir milagros.

CAPÍTULO 2

La fe creativa, declara la Palabra

"Y entonces Elías dijo a Acab: Sube, come y bebe; porque una lluvia grande se oye".
I de Reyes 18:41

Sólo las personas que se apropian de la fe creativa, se atreven a declarar el milagro, antes de obtener el resultado. No es fácil decirle a alguien, sin saber a ciencia cierta si cuentas o no con la respuesta a su necesidad – "mañana a esta misma hora te soluciono". Mas sin embargo, la fe creativa hace justamente eso, se arriesga.

La fe creativa, es un tipo de fe especial, es una fe de avanzada, de conquista, atrevida y osada. Es la clase de fe que utilizando las palabras verbales hace que se produzcan los milagros.

Hay personas que te dicen: "mañana te soluciono" y no lo hacen, porque son mentirosas, dicen las palabras comprometedoras para salir del paso, para evadir el compromiso, para tener tiempo suficiente para pensar la huida, en fin, tantas cosas más. Son personas incrédulas, falsas, insípidas, sin entendimiento, corruptas, condenadas y faltas de fe.

Por el contrario la fe creativa es una fe con la que se obtienen resultados poderosos, porque no dice simplemente creer, sino que verdaderamente cree, y no es menos que esto. La fe creativa, es una fe pura, verdadera. Es esa "fe no fingida" que Pablo le atribuye a Timoteo. La cual aprendió de su abuela Loida y de su madre Eunice. La fe creativa no puede ser fingida jamás, si lo fuera no ocurriría nada, no se producirían los milagros. "Sin fe es imposible agradar a Dios".

Hay quienes dicen creer en las promesas de Dios, pero en el fondo no lo hacen. En un momento de sequía, un predicador de la campiña, convocó a los miembros de su iglesia y de sus alrededores a orar por lluvia, al estilo de Elías; en una colina cercana se apostó a esperar a la multitud. Pero grande fue su decepción por la falta de fe de sus invitados, que desistió de orar y los envió de vuelta a sus hogares, sin antes recriminarles diciendo:

-   Sólo yo he traído paraguas, ¿Cuántos creen que hoy lloverá? Dio media vuelta y se marchó. Nada puede ocurrir a los que no creen.

La fe creativa es una fe especial, porque actúa con las palabras verbales. Hay gran poder en las palabras habladas. Con ellas alabamos, consolamos, oramos, ministramos, apoyamos, ayudamos, animamos, y orientamos. Pero con esas mismas palabras desanimamos, destruimos, despreciamos, mentimos, herimos y maldecimos.

Una palabra mal dicha puede causar, como dijo alguien, más daño que una bomba atómica y de hecho ha provocado que muchos matrimonios fracasen, que familias enteras se dividan y que amistades de años se deshagan.

Las palabras tienen mucho poder, tanto es así que nuestro Señor dijo en el evangelio de Mateo 15:11: *"No lo que entra en la boca contamina al hombre; mas lo que sale de la boca, esto contamina al hombre"*.

Jesús utilizó las palabras para sanar a los enfermos, para calmar los vientos y la mar; para comunicarse con su Padre, para resucitar muertos entre ellos a su amigo Lázaro, y sobre todo utilizó las palabras, para perdonar al mundo mientras le crucificaban. Pero un día también usó sus palabras para maldecir a una higuera y esta se secó. Con estos hechos nos enseñó el inmenso poder que tienen las palabras habladas.

En muchas ocasiones, y antes de hacer un milagro, el Señor Jesús, buscaba que el enfermo le declara con su voz y con sus palabras, la necesidad que tenía y lo que esperaba que él le hiciera, tal como ocurrió en el caso del Bartimeo el ciego en Jericó.

Jericó, en épocas pasadas era una importante ciudad del valle del Jordán (Deut. 34:1, 3), se hallaba en la parte inferior de la cuesta que conduce a la montañosa meseta de Judá, estaba anclada en la ribera occidental del río, a unos 8 Km. de la costa septentrional del mar Muerto, aproximadamente a 27 Km. de Jerusalén. La ciudad era conocida como la ciudad de las palmeras (Deut. 34:3; Jue. 3:13); pero ahora estaba en ruinas y era la habitación de Bartimeo, a quien Jesús le preguntó cuándo lo vio (a sabiendas de que era ciego) ¿Qué quieres que te haga? A lo que el ciego le respondió: *"Maestro, que recobre la vista"*.

¿Por qué Jesús le hizo esta inusual pregunta al hijo de Timeo? Todos allí presentes sabían de la necesidad de este hombre, ¿Cuánto más Jesús?

Pero, ¿Por qué él Señor, le preguntó esto? La respuesta es simple: Porque quería oír la "declaración" y la "petición de sanidad", de la misma y viva voz de Bartimeo, a lo que Jesús al oírla, le dijo: *"Vete, tú fe te ha salvado"*. Y enseguida recobró la vista, y seguía a Jesús en el camino. Marcos 10:52

Bartimeo fue sanado porque utilizó las palabras y se las dijo a quien le podía sanar. Si Bartimeo hubiera dicho: "Señor, Tú conoces mi necesidad, Tú sabes lo que quiero, de seguro no hubiese recibido su sanidad tal como la obtuvo. Pero fue específico y como resultado de su petición específica, recibió el milagro anhelado.

Sin lugar a dudas, Bartimeo tendría más de una necesidad, tenía muchas, de dinero, vivienda, alimentación, vestimentas, de salud, etc. Pero utilizó correctamente las palabras y pidió lo más importante: la vista, y conforme a su fe, le fue hecho.

El centurión romano también comprendía el poder de las palabras cuando se acerca a Jesús y le dice: *"Señor…; solamente di la palabra, y mi criado sanará. Porque también yo soy hombre bajo autoridad, y tengo bajo mis órdenes soldados; y digo a éste: Ve, y va; y al otro: Ven, y viene; y a mi siervo: Haz esto, y lo hace. Al oírlo*

Jesús, se maravilló, y dijo a los que le seguían: De cierto os digo, que ni aun en Israel he hallado tanta fe.... Entonces Jesús dijo al centurión: Ve, y como creíste, te sea hecho. Y su criado fue sanado en aquella misma hora". Mateo, 8:5-13

Si comprendiéramos la magnitud del poder de las palabras, las utilizaríamos para crear y para restaurar, no para dañar ni destruir.

Puede usted imaginarse, cuanto poder tienen los padres sobre sus hijos al emitir palabras sobre ellos. Las palabras que los padres declaran a sus hijos, sean buenas o malas, el tiempo revelara su fruto. Un padre que estimula, apoya, motiva, bendice y valora a sus hijos, logrará mejores resultados que aquel que solo critica, recrimina, regaña y menosprecia. Los hijos pueden llegar a ser, los que los padres declaren sobre ellos. A través de nuestras declaraciones verbales podemos hacer que los sueños de nuestros hijos se cumplan o se disipen.

"si entresacares lo precioso de lo vil, serás como mi boca". Jeremías, 15:1

CAPÍTULO 3

La fe creativa, utiliza la Oración

"Y Acab subió a comer y a beber. Y Elías subió a la cumbre del Carmelo; y postrándose en tierra, puso su rostro entre las rodillas." **I Reyes, 18:42**

La fe creativa utiliza la oración, como su principal recurso para que los milagros se den. Si hay poder en las palabras, imagínate cuanto más en la oración.

Winston Churchill, durante la Segunda Guerra Mundial, proclamó un día de ayuno y oración, cuando se enteró que los alemanes bombardearían Londres, la capital de Inglaterra, una vez más; en esta ocasión lo harían con todo su potencial para borrarlos del mapa, para ello utilizarían lo último en tecnología bélica y las temibles armas químicas.

Ya los Británicos, habían sufrido el famoso Blitz o ataque relámpago, por parte de los alemanes, fue un bombardeo sostenido por la Alemania Nazi al Reino Unido entre el 7 de septiembre de 1940 y el 16 de mayo de 1941.

Este inició con el bombardeo a Londres durante 57 noches consecutivas. Fue llevado a cabo por la Luftwaffe, y afectó a numerosas poblaciones y ciudades, aunque el grueso de su ataque se concentró en Londres. El Blitz provocó alrededor de 43,000 muertes, y destruyó más de un millón de viviendas, pero no logro alcanzar los objetivos estratégicos de sacar a Inglaterra de la guerra o dejarla incapaz de resistir una invasión. Los británicos, en esos días, dormían en los túneles de las estaciones del metro y en los refugios construidos para estos casos.

Pero este nuevo ataque, era diferente, tenía la macabra intención de desaparecerlos para siempre. Milagrosamente y de forma inexplicable, después de la oración, los aviones con artillería pesada, justo cuando se disponían atacar, dieron media vuelta en la mitad de su recorrido y regresaron a Berlín, sin soltar una sola bomba. Churchill atribuyó este hecho a la oración, y sin duda alguna lo fue. Le dio la gloria a Dios por respaldarle y las gracias al pueblo Ingles, por orar con él. No cabe duda que la oración es de mucho valor.

Se cuenta también, la historia de un predicador, que se había retrasado para el servicio dominical, y decidió recortar su camino para llegar más rápido a la capilla. En su intento por llegar a tiempo, se internó en una trocha abierta, que tenía sembrados de maíz a ambos lados del camino; sabía que violaba una propiedad privada, pero era la vía más rápida para llegar a la iglesia.

Cuando el pastor pensaba que ya llegaría a la salida del camino, el dueño del maizal le salió al encuentro, de una manera desafiante. Y le dijo:

- ¿Qué hace usted en mi propiedad? ¿Quién le dio permiso para entrar?

- Disculpe usted señor, pero yo soy el predicador del domingo y no tuve más remedio que atravesar sus campos, estoy retrasado y esta era la vía más rápida para llegar.

- No me interesan conocer sus razones, - acotó el propietario - este insulto de violar mi propiedad, yo lo arreglo a los puños, así que quítese la camisa y la corbata si no las quiere ensuciar y cuádrese a pelear.

El predicador quedó por un momento sin palabras, y preguntándose hasta dónde lo había llevado su imprudencia; pensativo y perplejo ante semejante desafío, no tuvo más remedio que decir:

- Está bien señor, sólo le pido que me permita hacer una pequeña oración y luego nos las arreglaremos a los puños, así, como usted dice.

- Muy bien, dijo el ansiado dueño, mientras se remangaba la camisa y estiraba el cuello.

El predicador por su parte, soltó su maletín, puso su Biblia delicadamente sobre él, levantó sus manos al cielo, cerró los ojos y "oro" diciendo:

- *"Señor, tú me conoces y sabes de donde me has sacado, antes de conocerte y ser predicador, fui boxeador profesional, a muchos noquee, a otros los mandé directamente al hospital y muchos después de pelear conmigo, no volvieron al cuadrilátero jamás, no permitas que yo levante mi mano contra este pobre hombre, Señor, Amén".*

-

Cuando el predicador abrió los ojos y buscó al dueño de la finca, no lo vio, sólo logro ver sus sandalias mientras corría a toda velocidad en medio del maizal, agarrando su viejo sombrero con su mano izquierda. La oración es de mucho poder; ella nos puede ayudar en momentos difíciles y abrir puertas en lugares inesperados; el profeta Elías lo sabía, por eso clamó a Dios en oración y pidió lluvia.

El apóstol Santiago dijo con referencia a la oración y la fe:

"Pero pida con fe, no dudando nada; porque el que duda es semejante a la onda del mar, que es arrastrada por el viento y echada de una parte a otra.

No piense, pues, quien tal haga, que recibirá cosa alguna del Señor" Santiago, 1: 6,7

CAPÍTULO 4

La fe creativa, es persistente

"Y dijo a su criado: Sube ahora, y mira hacia el mar. Y él subió, y miró, y dijo: No hay nada. Y él le volvió a decir: Vuelve siete veces.".
I de Reyes 18:43

Los persistentes no viven de a milagro, sino que ellos producen los milagros. Ser persistente es ser una persona paciente, constante, llena de fe y de esperanza.

"Sabiendo que la prueba de vuestra fe produce paciencia. Mas tenga la paciencia su obra completa, para que seáis perfectos y cabales, sin que os falte cosa alguna". Santiago, 1:3,4

Dios siempre respaldará a un hombre o a una mujer persistente, porque la persistencia domina a la paciencia y hace actuar a la fe; *"sin fe es imposible agradar a Dios"*. Dios no sólo prueba la fe paciente de los persistentes, sino que también la recompensa. Según Santiago la fe produce paciencia, y esta paciencia nos lleva a ser a ser perfectos y cabales; quien tiene estos atributos (dijo Santiago) no le faltará cosa alguna. ¿Sabía Santiago lo que hablaba? Por supuesto que sí, porque una persona con estas cualidades, es un digno candidato para triunfar.

En cuanto al profeta Elías, este no dejó de mandar a su siervo a mirar, hasta que viera la pequeña nube que se levantaba del mar, porque sabía, que esa pequeña nube representaba la respuesta a su oración. Nunca dejó de orar por esa pequeña nube, hasta que apareció en los cielos. De igual forma, nosotros no debemos renunciar a lo que queremos, soñamos o esperamos, porque si somos pacientes y persistentes lograremos ver la respuesta de Dios, a la petición realizada.

Cuando no nos llegan las cosas, después de haber orado por ellas por mucho tiempo, no debemos desanimarnos ni desistir jamás de lo que anhelamos. Debemos ser constantes en el clamar y pedir. Si realmente queremos un milagro, hay que seguir persistiendo en ello, hasta que ocurra.

Si hemos leído al profeta Daniel comprenderemos, que en los cielos hay una lucha intensa entre la oración y la respuesta. La respuesta a la oración muchas veces no llega, no porque Dios no la haya oído, sino porque nuestro enemigo no quiere que la bendición llegue a nosotros y lucha intensamente con los mensajeros de Dios, para evitar a toda costa que esto se dé.

Pero la oración es el combustible que alimenta y nutre para que la respuesta de Dios nos llegue. Eso fue justamente lo que hizo Elías: orar y esperar, esperar y orar. Oro el tiempo que le fue necesario hacerlo, hasta que obtuvo la respuesta de Dios. Le dijo a su siervo; *"Vuelve siete veces."*, no vengas aquí hasta que veas la nube. En otras palabras, el profeta le decía a su ayudante, sé persistente muchacho, mientras yo sigo orando aquí, tú sigue viendo allá, no regreses hasta que veas el milagro. Y conforme a su fe y a su persistencia, obtuvo la respuesta que tanto pidió.

Los milagros pueden estar tan cerca o tan lejos de nosotros. Todo depende de nuestra capacidad para crearlos. Dios nos ha dado todas las herramientas y todos los recursos para esto suceda, solo vasta creer.

"...Pedid, y se os dará; buscad, y hallaréis; llamad, y se os abrirá. Porque todo aquel que pide recibe; y el que busca, halla; y al que llama,

se le abrirá." Lucas. 11:9,10

No dejes de Orar, hasta que tu milagro llegue, se persistente.

CAPÍTULO 5

La fe creativa engrandece

"A la séptima vez dijo: Yo veo una pequeña nube como la palma de la mano de un hombre, que sube del mar. Y él dijo: Ve, y di a Acab: Unce tu carro y desciende, para que la lluvia no te ataje." I de Reyes 18:44

Las cosas pequeñas son el principio de cosas grandes. Nadie empieza caminando, ni nadie nace sabiendo, el crecer y aprender es un proceso que pasa por etapas, hasta desarrollarse a plenitud.

Elías sabía que esa pequeña nube era el inicio de una gran lluvia, por eso le dijo a su criado, que se diera prisa y le avisara al rey que la lluvia venía con toda su intensidad.

El profeta, valoró esa pequeña nube que era del tamaño de la palma de la mano de un hombre; nunca la vio con indiferencia ni con menosprecio; más bien la amó, la apreció, la estimó y se dijo para sus adentros: "Viene la cosa".

¿Somos nosotros también, capaces de valorar lo pequeño que Dios nos ha dado y mirarlo como el principio de algo grande y espectacular? Si es así, estamos por buen camino, y si no, estamos en problemas, porque si en lo poco somos fieles en lo mucho nos ha de poner el Señor.

Si Dios, nos da un negocio pequeño, debemos de hacer de ese negocio, el mejor del área. ¿Por qué menospreciar lo chico? Lo pequeño puede ser el principio de algo grande. ¿Por qué dejar caer el techo de mi establecimiento? Si lo puedo adornar, decorar, ponerlo bonito, que todos quieran venir a verlo. Si podemos administrar un restaurante pequeño y sacar ganancias con imaginación y creatividad, también lo podemos hacer cuando tengamos un restaurante grande.

Cuando Jaime Cisneros fue reclutado por una constructora, lo seleccionaron para cavar zanjas. Cisneros, perfeccionó su técnica para cavar y con el tiempo logro hacer las zanjas más rectas y perfectas de la zona y por ello fue ascendido a capatazas. Se le asignó un grupo de obreros, que llegaron a trabajar como él, que la compañía decidió colocar al talentoso Jaime, quien era un hombre con pocos estudios, de supervisor de obras y de allí salto a ocupar otros cargos más. Hoy Jaime Cisneros se ha superado y es uno de los socios de la misma empresa que le dio trabajo por primera vez. El secreto de Jaime fue en sus propias palabras:

"Darle valor a todo lo que llegue a tu mano, aunque no te guste"

Dios siempre ha valorado los inicios pequeños y los ha hecho florecer, como ocurrió con los peces y panes de aquel niño, con los cuales se alimentó a una gran multitud. Gedeón con sólo trescientos hombres derrotó y venció a todo un ejército.

"Cuando una pequeña nube aparece es posible que ocurra un milagro.

Las grandes empresas trasnacionales tuvieron un inicio pequeño, pero una visión grande.

Si queremos triunfar en la vida, lo primero que tenemos que hacer es valorar lo que tenemos en este momento; creer que los proyectos se van a realizar y persistir en las metas, hasta obtener los resultados deseados. Elías lo sabía por eso le mandó a decir al rey Acab. *"Prepara tu carro y desciende, para que la lluvia no te ataje."*

CAPÍTULO 6

La fe creativa, es específica.

"Y aconteció, estando en esto, que los cielos se oscurecieron con nubes y viento; y hubo una gran lluvia. Y subiendo Acab, vino á Jezreel". **I de Reyes, 18:45**

El profeta Elías declaró con su boca que vendría la lluvia, oró por esa lluvia, esperó pacientemente la lluvia y una pequeña nube le trajo la lluvia. La petición específica de Elías permitió que el milagro ocurriera. Él no pidió otra cosa que no fuera "lluvia" y habló de ella en todo momento, y la esperó con toda su paciencia.

¿Por qué algunos cristianos oran y no reciben respuestas a sus oraciones? ¿Y otros si lo hacen y obtienen resultados poderosos? Esto tiene una sola respuesta: *"Ser especifico al pedir y orar".*
No hay nada más específico cuando se habla de fe que hebreos capítulo 11 versículo 1.

En Hebreos 11:1 Leemos: *"Es, pues, la fe la certeza de lo que se espera, la convicción de lo que no se ve."*

Cuando se habla aquí de "certeza y convicción", se está hablando de saber lo que quiero y espero recibir. ¿Hay algo más específico que esto?

Durante una época de mucha necesidad en Corea, un pastor de una iglesia naciente le había pedido a Dios tres cosas sencillas: una silla, una mesa y una bicicleta. Oró por estas tres cosas por mucho tiempo y nunca le llegaban; no fue hasta que un día, muy entristecido al notar que no recibía respuesta a sus peticiones, decide preguntarle directamente a Dios, por qué no le había concedido tener las peticiones de su corazón, a lo que logro escuchar audiblemente su voz, que le dijo:

"eres muy vago en tu pedir, hay cientos de sillas, cientos de modelos diferentes de bicicletas y muchas mesas, yo no sé cuál es la que tú quieres".

Después de analizar la respuesta de Dios y pedirle perdón, por ser tan generalizado, realizó una nueva oración donde le especifico el modelo, la marca y los detalles de lo que quería y necesitaba. No pasaron más de tres semanas cuando el pastor Coreano, estaba recibiendo las tres cosas tal y como las solicitó en oración.

Es cierto que Dios sabe, entiende y conoce nuestras necesidades, pero él desea que le digamos específicamente qué es lo que nosotros queremos. Bartimeo le dijo: *"Maestro, que recobre la vista"* Pedro dijo: *"Señor, si eres Tú, manda que yo vaya a ti sobre las aguas"*, el mismo Jesús fue específico cuando dijo: *"Lázaro, ven fuera"*. Ser específicos al pedir y orar no es una opción, es una necesidad, de otra manera no recibiremos nada, porque si uno mismo no sabe lo que quieres, entonces ¿quién?

Elías obtuvo resultados poderosos, porque sabía lo que quería y fue específico en su orar; él pidió lo que quería, lluvia, y subió al lugar donde podía verla llegar: el monte Carmelo, allí oro y allí la recibió.

¿Somos nosotros específicos al pedir y orar? Tal vez, esta sea la causa de nuestra falta de respuestas a nuestras peticiones.

CAPÍTULO 7

La fe creativa, ve la mano de Dios

"Y la mano de Jehová estuvo sobre Elías, el cual ciñó sus lomos, y corrió delante de Acab hasta llegar a Jezreel." I de Reyes 18:46

Es impresionante cómo un hombre que salió con desventaja, a pie, retrasado por estar contemplando la lluvia, corriera más deprisa que el rey que viajaba en carro y le ganara. Eso sólo tiene una explicación *"La mano de Dios sobre su vida"*.

Elías no era una persona diferente a nosotros, Santiago nos dice: *"Elías era hombre sujeto a pasiones semejantes a las nuestras, y oró fervientemente para que no lloviese, y no llovió sobre la tierra por tres años y seis meses. Y otra vez oró, y el cielo dio lluvia, y la tierra produjo su fruto". Santiago, 5: 17, 18.*

La Nueva Biblia Inglesa, expone este texto de la siguiente manera: *"Elías era un hombre con fragilidades humanas semejantes a las nuestras"*. A veces nos sentimos tentados a pensar que los hombres de la Biblia eran algo más que humanos. De alguna manera poseían algo diferente creían más y tenían más piedad que la gente de nuestra generación. Pero no tenían nada más especial de lo que nosotros podamos tener. Elías tenía al mismo Dios que nosotros tenemos y si Dios se le reveló, también lo puede hacer con nosotros; hay una promesa dada por el señor Jesús que dice: "Y *mayores cosas que estas haréis"*, refiriéndose a los milagros que pueden ocurrir si nosotros queremos.

Si aplicáramos los principios de los cuales hemos visto y expuesto en este libro, tu fe, será diferente; no solo pedirás por pedir, sino que pedirás y recibirás. Si ponemos en práctica estos principios, que no son nada extraordinarios, sino sencillos y simples, veras la mano de Dios detrás de tu oración, no hay duda de ello.

Conclusión

Leí un día esta frase en algún lugar, que decía:

"Todo problema contiene la semilla de su propia solución"

Cuando medité profundamente en esta frase, que encierra en sí misma una gran verdad, concluí diciéndome: Muchas veces divagamos y buscamos en los periodos de crisis y de necesidad, quien nos puede ayudar; en ocasiones lo logramos, en otras no, pero la ayuda y el apoyo siempre han estado allí presente, a nuestro alcance, que es "nuestra propia fe".

Para salir de un problema, de una adversidad financiera o de cualquiera otra contrariedad que nos aflija, la fe creativa es nuestro principal aliado. Para pedirle a Dios, su ayuda, su auxilio, su intervención o su protección en medio de una necesidad, no necesitamos nada más que accionar la fe creativa, que todos tenemos, atreves de una oración sincera y ella bastará.

Dios, es un Dios bueno, que escucha la

oración simple, sencilla y honesta. Para pedir y recibir, no tenemos que ser personas de fe súper extraordinarias, simplemente basta creer en él y en su respuesta.

Nuestra fe debe ser tan grande como lo es un grano de mostaza, que es la más chiquita de todas las semillas. No necesitamos tener una fe subliminal y misteriosa para recibir respuesta de Dios. Solo basta con declarar la Palabra, Orar por lo que esperamos, Persistir en ello, luchar por la respuesta, y como resultado de todo esto, veremos la respuesta y la mano de Dios a nuestro favor.

Si aplicamos estos principios contemplados aquí, te garantizo que de hoy en adelante, tu fe será distinta, será creativa, veras los milagros de Dios fluir, esos milagros que tanto anhelas, de eso no me cabe la menor duda.

Que Dios te bendiga.